Christian BECK

CE QUI A ÉTÉ SERA

OU

Adam battu et content

FARCE, SUIVIE DE

Hercule à Lerne, les Simulachres de la Vie

ET

l'Amoureuse Absence

BRUXELLES

GEORGES BALAT, Éditeur,

—

15-1898

a Maurice Bonnel

admiration

Christian Belle

CE QUI A ÉTÉ SERA

OU

ADAM BATTU ET CONTENT

Ceste année les Chancres iront de cousté, et les cordiers à reculons.

(Pantagrueline Pronostication.)

EN PRÉPARATION :

JOCONDE, tragédie.

UNE TÉTRALOGIE DE ROMANS : *Ambroise Jardin.*

Aventures de M. Gluten.

La Route fastueuse.

—

La Vie large de Jules de Hupperland.

Christian BECK

CE QUI A ÉTÉ SERA

OU

Adam battu et content

FARCE, SUIVIE DE

Hercule à Lerne, les Simulachres de la Vie

ET

l'Amoureuse Absence

BRUXELLES

GEORGES BALAT, Éditeur,

—

15-1898

A James ENSOR

HOMMAGE DE L'ADMIRATION DE SON AMI

C. B.

PROPOSITION DE L'AUTEUR AU LECTEUR

RENOUVELÉE DE L'ANCIEN

Me souvient toutesfois avoir leu que Ptolémée, filz de Lagus, quelque jour, entre autres despouilles et butins de ses conquestres, présentant aux Egyptiens en plein théâtre un chameau bactrian tout noir, et un esclave bigarré, tellement que de son corps l'une part était noire, l'autre blanche (non en compartiment de latitude par le diaphragme, comme fut celle femme sacrée à Vénus Indicque, laquelle fut recogneue du philosophe Tyanien entre le fleuve Hydaspes et le mont Caucase), mais en dimension perpendiculaire, choses non encores veues en Egypte, esperoit, par offre de ces nouveautés, l'amour du peuple envers soy augmenter. Qu'en advint-il? A la production du chameau, tous furent effrayés et indignés; à la veue de l'homme bigarré, aucuns se moquerent autres l'abominerent comme monstre infâme, crée par erreur de nature. Somme, l'espérance qu'il avait de complaire à ses Egyptiens, et *par ce moyen, extendre l'affection qu'ilz luy portaient naturellement, luy decoulla des mains.*

(Rabelais.)

CE QUI A ÉTÉ SERA

OU

ADAM BATTU ET CONTENT

PERSONNAGES

ADAM.

OCULI, magicien.

SATAN.

DIEU LE PÈRE.

ADAMASTOR.

Une vieille, un vagabond, trois belles femmes, des démons, des enfants, un domestique.

ACTE PREMIER

(Le laboratoire d'Oculi, au moment où celui-ci vient d'enfermer le diable dans une boutellle; Oculi.)

OCULI.

Les âges sont suspendus pour me considérer. Mon bonheur est si grand, que tout l'univers doit en subir l'influence : les plus petites choses sont signes de toutes les plus grandes.

ADAM. (Qui est devenu un ivrogne; frappe à la porte.)

Permets que j'entre, grand Oculi. Ton domestique vient de mourir dans la rue. Il avait tellement bu de vin qu'il a vomi pendant trois heures, et son âme, entraînée par le courant, s'est échappée.

OCULI.

Pauvre homme! Heureusement il n'ira pas en enfer, car je viens d'enfermer le Diable dans cette bouteille.

ADAM.

Admirable science! Permets que je le nargue, grand Oculi : c'est mon vieil ennemi. Je vais désormais boire sans crainte de l'enfer.

OCULI. (A part.)

Déjà se multiplient les effets de mon invention : ô Aldébaran, Bételgeuse, Sirius, et vous, astres plus éloignés encore, quels changements va donc imprimer sur votre face l'œuvre d'Oculi!

ADAM.

Tu vas être bien embêté, grand Oculi, maintenant que tu n'as plus ton domestique.

OCULI.

Drôle! Qu'est-ce que tu fais encore ici?

ADAM.

Faites excuses, bourgeois, mais si que vous le permettriez, je serais honoré de le devenir à la place du regretté défunt.

OCULI.

Ça m'est égal. Quarante francs par mois et la livrée. Je vois que tu es ivrogne : ça m'est égal, mais si je m'aperçois encore de ton ivrognerie, je te fouts à la porte. Garde toi de boire mon vin. Ce n'est pas pour un ivrogne que je me suis composé une cave. Commence par nettoyer l'appartement : je vais à l'Institut.

(Exit.)

ADAM. (Seul.)

Jetons un premier coup d'œil sur l'établissement.

(Il ouvre des armoires, et trouve dans un coin deux bouteilles...)

O Eve, ô souvenirs paradisiaques, toutes mes nostalgies, elles sont loin de moi.

(Il boit.)

Il y en a beaucoup qui voudraient être à ma place.

(Il boit à la seconde bouteille.)

Elles sont toutes les deux de vin de Bourgogne.

(Il boit.)

Je vais me faire saoûl.

(Il boit.)

Mais non, commençons par lutter contre notre ivrognerie. Depuis que j'ai quitté le Paradis, j'ai toujours lutté contre mes penchants avant de m'y abandonner. Luttons ! Si je ne suis pas un lâche, je ne boirai pas.

Oui, mais Oculi va peut-être bientôt rentrer. Si je lutte trop longtemps, je n'aurai plus le temps de boire.. D'autre part, si je ne bois pas, je ne devrai pas lutter très longtemps.

Ciel ! que faire?

Si je ne bois pas, je ne devrai pas lutter très longtemps; si je lutte trop longtemps... Assez! buvons d'abord; tantôt j'aurai mieux le temps de m'examiner la conscience.

(Il boit les deux bouteilles.)

. . . .

(Il est ivre.)

Qu'ai-je fait? Lâche, tu retombes toujours sur tes quatre pattes. J'ai vidé le calice. Si au moins mon ivrognerie me servait à quelque chose... mais non : ma soif elle-même n'est pas calmée et je n'ai plus rien à boire. Malheureux! Si je buvais jusqu'à la mort de mon désir, il ne me resterait plus que le dégoût.

Je veux boire! je veux me faire passer tant de vin dans le lampas, que mon ventre humide devienne comme la source continuelle de toutes les eaux du monde. Et mon corps comme une éponge imbibée sentira tellement le vin que les femmes diront : Allons respirer sa face pour que nous tombions ivres!

(Il voit la bouteille dans laquelle Oculi a renfermé le Diable.)

Hai ! Encore une bouteille ! Buvons !

(Il ouvre la bouteille et le Diable s'échappe bruyamment.)

LE DIABLE.

Tu me narguais, tantôt. Que vas-tu faire maintenant ? Ton maître va te tuer pour se venger de ta négligence.

OCULI. (Frappant à la porte.)

Ouvre, Adam. J'ai oublié mes clefs.

LE DIABLE. (A Adam.)

Va ouvrir.

(Adam veut se sauver par la fenêtre, mais, fasciné par le Diable, il va jusqu'à la porte.)

OCULI.

Eh ! bien, vas-tu ouvrir ?

LE DIABLE.

Ouvre.

(La porte cède sous une violente poussée d'Oculi.)

OCULI.

Fainéant ! Quand je frappe... Comment ! je vois que tu as déjà bu ! Je ne te garde plus à mon service. Va-t'en.

(Adam s'empresse à sortir, mais Oculi aperçoit le Diable.)

Hé! reste! malheur! Qu'as-tu fait?

(Dans la crainte qu'ils ne s'en aillent, il empoigne le Diable et Adam par le collet.)

LE DIABLE.

Calme toi, Oculi. Tu avais fait une erreur dans tes sales conjurations, de sorte que je me suis échappé.

(Voyant qu'Adam se rassure, il lui donne un grand coup de poing.)

ADAM.

Pardonne-moi d'avoir bu, grand Oculi.

OCULI.

(A Adam.)

Toi, reste là.

(Il le pousse sur un fauteuil. Au Diable.)

Toi, tu vas rentrer immédiatement.

LE DIABLE.

Je vois avec plaisir que tu tombes dans le péché de vanité, grand Oculi.

OCULI. (A part.)

Il est vrai : j'ai failli. Le maudit conservera son infernal empire. Dès minuit, il sera libre de vagabonder à nouveau par les espaces désolés de son approche sulfureuse. O vicissitudes des combats les plus essentiels! Vers où, vers quoi vais-je me tourner?

(Il s'assied accablé, la tête dans ses mains.)

Je suis châtié de mon orgueil. Pauvre de moi, qu'étais-je? — De la poussière!... Loin de moi tout orgueil!... Que vont dire mes confrères?

LE DIABLE.

Tu te morfonds, grand Oculi, parce que tu sens deux hommes en toi et que ce n'est pas sans larmes qu'ils parviennent à se concilier. Incessant duo toujours semblable à lui-même! C'est un orchestre de peu de musiciens que tu es impuissant à faire jouer en mesure. Vraiment, en te voyant, je ne suis pas inaccessible à la pitié. Car tu le sais, Oculi, tous les sentiments sont en moi : sinon où puiserais-je l'imagination par laquelle j'ai fait du monde un parterre d'erreurs? Je suis divers, non pas comme le monde, mais comme moi-même. Crois moi, mon sort est enviable : beau comme la nuit, je vais tantôt disparaître dans son sein peuplé d'astres moins ardents que mes désirs.

Evidemment, Dieu est plus grand que moi, il a bien plus d'orgueil; c'est un fleuve, ou si tu veux une circonférence, ou plutôt un fleuve en forme de circonférence, et il se verse incessamment en soi-même. Mais as-tu jamais, Oculi, désiré la vie de Dieu? Moi, j'aime beaucoup Dieu, car en tous points il définit mon contraire. Ne crois pas qu'il soit libre; c'est au contraire sa supériorité sur moi, que pour lui tout soit nécessaire, et pour moi rien. Je n'ai jamais su pourquoi il a posé son premier acte, ni s'il était libre de le poser; mais il est certain que par ce premier mouvement il s'est interdit toute imagination. C'est un vieillard si logique et si plein d'importance qu'il poursuit tout jusqu'aux dernières conséquences : et pour lui, aucune n'en vaut une autre. Moi, au contraire, je suis toujours libre et me trouve bien partout. Evidemment j'ai mes misères (plus grandes que les tiennes) mais elle aussi, ma joie, abonde comme l'eau de la mer, qu'alimentent toutes les eaux terrestres. Je vis beaucoup plus que toi, Oculi, et si tu trouves *une* vie bonne à vivre, *plusieurs* doivent te sembler préférables.

(Pendant ce monologue, Adam, toujours ivre, s'est affalé à terre et s'est peu à peu endormi.)

OCULI.

Où veux-tu en venir?

LE DIABLE.

A rien. Toutefois, si tu veux me payer des lumières que je t'ai données, laisse-moi m'en aller, grand Oculi. Tu peux me retenir jusqu'à minuit, mais tu t'attacherais à peu de chose si tu profitais de ce léger avantage.

OCULI.

Léger ? Non pas. Car je vais profiter de ce léger avantage pour te forcer à rentrer dans la bouteille.

LE DIABLE.

Ecoute, tu as tort de mentir avec moi, qui suis le maître des menteurs, car tu te places ainsi sur un terrain que j'avais quitté pour flatter ta manie mais où je suis très fort. Invente donc, tourmente toi, consacre au problème toute la force de ton cerveau, et à ton cerveau toutes celles de ton corps y compris les génitoires. C'est une glande qui peut secréter des enfants, et ton cerveau n'exprimera jamais le quart des idées qui dorment dans celui d'un enfant. Travaille : le certain dans ta science ne sera jamais que pour fournir des sujets à l'imagination des hommes, et celle-ci, je la chéris en eux comme la chèvre favorite de mon troupeau. Les chèvres aiment les endroits escarpés, ha ! ha !

OCULI.

Je te retiens malgré toi.

LE DIABLE.

Humphr !

(Il donne un grand coup de poing à Adam ; celui-ci se réveillle.)

Si tu ne me laisse pas partir, je rosse Adam.

OCULI.

Qu'est-ce que ça me fait !

LE DIABLE.

Ah ! c'est comme ça : hé ! bien, je m'en vais te faire enrager.

(A Adam.)

Adam, si ton maître ne me laisse pas partir, je te fais voler en l'air d'un coup de pied si énorme, que tu ne retomberas pas avant trois années. Humphr ! Tiens, donne ce coup de poing à ton maître.

ADAM.

J'aimerais mieux être battu qu'oser battre le grand Oculi.

OCULI. (A part.)

Quel brave homme! Je n'aurais pas supporté qu'il ne veuille pas me battre, mais du moment qu'il n'ose pas... je suis touché... hélas! c'est un bonheur d'être bête... d'ailleurs il a beaucoup de discernement.

LE DIABLE. (A Adam.)

(Il lui donne une grande gifle.)

Va dire à ton maître que je me fouts de lui.

OCULI. (Au Diable.)

Tu m'embêtes!

(Silence. Oculi se promène très agité. Dix heures sonnent.)

Déjà dix heures! A minuit il s'en ira : ma douleur est extrême.

(Oculi, dans une attitude d'invocation, lève la tête vers le plafond.)

Seigneur! Dieu! Jehovah! O roi de tous les rois! Roi qui vers toi montras leur route aux patriarches, je courbe sous ton vœu ma fléchissante marche. Tu comprends, Seigneur, moi je suis Oculi, et j'ai failli... mais à cause de ce pauvre homme, à cause d'Adam... qui m'aime bien... et qui est si humble, protège nous, Seigneur, dans la lutte contre le démon tortueux... *querens quem devoret*...

Descends vers nous, ô Père... et nous serons tes Fils !

(Tonnerre. Une abondante fumée blanche remplit la scène. Quand elle s'est dissipée, on voit Dieu le Père en manteau d'or, assis sur son trône, dans la figure d'un vieillard à grande barbe blanche. Adam et Oculi sont à genoux, en prières ; le Diable s'agenouille dans un coin en tournant le dos à Dieu ; il prend un air dévôt dont il dément volontairement l'expression par des grimaces imitées de la fausse piété.)

DIEU LE PÈRE.

Tu es un bon serviteur, Oculi. Ton âme est une lampe ardente que tu élèves souvent vers moi pour me louer. Je sais tout ; j'étais dans mon jardin, là haut, lorsque le malheur t'a frappé. Mes hôtes, dans un bosquet lumineux plein de musiques subtiles et de ruisseaux, se complaisaient à divers délassements. Maurice Denis gravait un nom sur l'écorce d'un bouleau ; Bonaparte expliquait à Jean-Jacques une vive reconnaissance, et celui-ci, blâmant sa politique, ne laissait pas d'être secrètement flatté d'avoir favorisé ses succès. Marie-Madeleine cueillait des digitales. Maurice Barrès, prétextant de l'endroit où il rencontrait mes hôtes, les disait déracinés. Mais M. de Spinoza s'essayait sur le sable à définir mon essence dans une forme géométrique ; il soutenait en lui la même ivresse d'être qui, à Amsterdam, l'entraînait à agiter des caractères de l'éternité. La Fontaine causait avec l'âne ; M. Gaston Deschamps voulut se mêler à la conversation, mais l'âne ne répondit pas. — Hercule, Goethe et Platon se roulaient avec trois fort belles femmes parmi des fleurs. Non loin d'eux France buvait du vin dans un rython. — Cependant le Hollandais Erasme, se promenant avec Pogge, me disait se connaître trop bien pour se croire l'ouvrage d'un Dieu ; mais M. Jean Rameau protesta. La belle Colonna, prude veuve, lisait sans trouble un sublime sonnet du soupirant Michel-Angelo.

Alors, malgré les jeux, la lumière et les corps, malgré les musiques qui traînaient dans l'air, comparables par leur douce lenteur à des fils de Marie, malgré le charme des eaux courantes et les fleurs à la dérive, — répondant à ton appel, je suis venu, ô Oculi, car il convient d'exaucer le pieux serviteur.

Je n'attendrai pas que tu parles, mais voici ce qui est juste :

Vu que par ta science et par tes saints efforts,
Tu enfermas l'ange déchu dans la bouteille ;

Vu que le grand maudit n'a repris son essor
Que par l'erreur d'Adam qui du jus de la treille
Avait manifestement abusé ;
Vu qu'Adam n'a péché que par vieille habitude,
Satan ayant perdu l'ancienne latitude ;
Que cependant le dit Satan avait causé
L'habitude d'Adam ; qu'il serait abusif
D'accorder à Satan pouvoir rétrospectif ;

En conséquence, sans qu'il soit besoin d'ouïr l'une ou l'autre des deux parties, je rends arrêt que :

1. Du chef de la défaite de Satan et de sa claustration dans la bouteille, son influence ancienne et rétrospective sur Adam, reconnue illégale, est censée nulle et non avenue.

2. Du chef de cette nullité d'acte, Satan rentre dans la bouteille, et il n'en sortira que si Adam tombe derechef dans des errements tels que celui-ci oublie les principaux devoirs de son état.

3. Adam est soustrait à l'influence que le démon avait acquise sur lui avant d'être enfermé dans la bouteille ; désormais Satan n'aura plus sur Adam que l'influence qu'il pourrait acquérir derechef.

4. Afin qu'Adam transformé soit soustrait à

toute influence rétrospective, il perd tous ses vices anciens ; à dater d'aujourd'hui il devient un saint homme, et, pour lui faciliter l'application de sa sainteté, je le fais évêque.

(Musique. Une fumée abondante dérobe les acteurs à la vue. Quand elle s'est dissipée, Dieu a disparu. Adam et Oculi sont en lumière, le premier en habit d'évêque et nimbé de lumière.)

SATAN. (Debout et furieux.)

C'en est trop ! Arrêtez, je proteste ! Le jugement est mal rendu. Il est notoirement entaché de nullité, du chef du considérant par lequel Dieu fait intervenir la notion de rétrospectivité. Je le prouve : étant donné que pour Dieu le temps est infini, il n'a point de parties, et par conséquent Dieu ne peut arguer de passé et de rétrospectivité !

LA VOIX DE DIEU. (Formidable.)

Ange déchu ! Je ne suis pas ici pour t'écouter.

(Oculi lève la main au-dessus du Diable, qui tombe à terre. Oculi lui met le pied sur le corps, pendant qu'Adam est toujours en prières.)

RIDEAU.

ACTE DEUXIÈME

(La scène représente l'intérieur d'une cathédrale. Peu dociles aux objurgations du curé sur le silence de rigueur, les gamins et les fillettes, soigneusement délimités en deux troupeaux bien distincts, s'alignent sur les bancs, émus tout de même un peu par l'imminente *confirmation* qu'ils vont subir.

Apparaît Adam, évêque; les enfants sont très charmés à cette vue solennelle; des fillettes, les cheveux récemment labourés par un peigne soigneusement trempé dans l'eau, laissent percer un louable souci de se tenir bien droites. L'une dans un coin se trouve bien laide pour une si pénétrante cérémonie; pourtant on l'a magnifiquement nippée; le matin toute la famille s'est complaisamment extasiée à sa vue; et cette pensée confuse d'être trop laide, même si belle, lui paraît infiniment triste.

Tout le monde s'agenouille devant Monseigneur à son passage; manifestations de respect; mendiants; attitudes dévotes ou bizarres de diverses personnes.

La *confirmation* commence : les enfants défilent lentement devant Monseigneur, qui oint chacun d'un peu d'huile, et le gratifie d'une petite tape accompagnée de quelques paroles inintelligibles. Beaucoup, comme les maisons d'une route sue, ayant défilé devant lui, Monseigneur, continuant son œuvre machinal, se prend à somnoler. L'orgue souligne ce sommeil de ses ronflements croissants jusqu'à l'excentricité.

Cependant Oculi entre distraitement dans la cathédrale.)

OCULI.

La fraîcheur de ce lieu convient au trouble de mon âme.

(Il s'assied, et tirant un journal de sa poche, lit :)

« Le *Daily Chronicle* annonce que les forces de M. Gladstone diminuent ; par contre le prix du pain a augmenté de deux pence la livre. Cette nouvelle a causé une émeute parmi les ouvriers des docks... »

(Il laisse tomber le journal avec accablement.)

Ah que tout cela m'indiffère !...

(Il jette un regard autour de lui.)

Mais où suis-je entré ? C'est une confirmation ! Et c'est Adam qui officie. Hélas ! ce spectacle me présente de nouveau les deux faces de mon malheur. D'une part je vois la sainteté d'Adam, et son chaste renoncement à toutes les inquiétudes du monde ; d'autre part ce troupeau d'enfants aux mines souriantes, et leurs lèvres gourmandes qu'ils approchent avec conviction de la coupe de vie. Tandis que moi, hélas ! sans cesse jaloux d'un bien dont je pénètre l'inanité, je me précipite encore sur le déclin de l'âge, vers la poursuite d'une science dont le faible empire me fait mieux mesurer encore la distance qui m'approche du néant. Depuis que le plus grand effort de mon génie naguère vigoureux me donna d'enfermer Satan, depuis qu'une gloire universelle me dit : « Tu n'iras pas plus loin! » — je sens combien faible est la joie de ma victoire. Et depuis que je vis continuellement dans le voisinage du diable vaincu, je me suis pris d'une douloureuse et sympathique pitié pour ce Prince des Penseurs, dont le sort tient désormais au hasard d'une défaillance d'Adam. O Chair plus décisive que l'Esprit, ô prédominance de la quiète sainteté sur la sagesse! O moi qui pleure ici, et qui me sens désormais sans force contre le plus faible appel du Destin perturbateur. Dois-je m'abandonner? Dois-je me renouveler? Ou cultiverai-je encore ton silence harmonieux, ô ma bibliothèque?

(Il sort en pleurnichant.)

(La confirmation terminée, les enfants s'en vont; Adam, endormi sur son trône et rêvant, reste seul dans la cathédrale. Un voile de gaze descend devant la scène, et le rêve d'Adam commence.

Les profondeurs de la cathédrale s'emplissent d'un déchainement de démons, stryges, goules, harpies, bêtes étranges, chauves-souris, vampires, pieuvres, et autres suce-moi-ça. Réapparaissent les enfants qu'Adam vient de confirmer; plusieurs sont devenus hommes, d'autres vieillards.)

ADAM.

Pauvres enfants, je vois les tentations dont vous serez accablés durant les divers âges de votre vie.

(Les démons tentent la gourmandise des enfants en leur offrant des gâteaux à la crême; les enfants se querellent, les gâteaux à la crême sont transformés en projectiles; quelques enfants arrosent les autres de grands jets d'eau qu'ils font en pissant. Brouhaha; exentricités des démons; le serpent de la digestion tord sa gueule en un hiatus baveux et las.

Simultanément, des démons femelles tentent les hommes par une DANSE luxurieuse; d'autres démons tentent l'orgueil de vieillards vêtus de pourpre, et quelques uns, sous forme d'odieux mendiants, tentent l'avarice d'autres vieillards. Les hommes succombent tous aux tentations luxurieuses; les vieillards superbes, séduits par les gestes admirateurs des démons, s'adonnent à une DANSE orgueilleuse; les avares sollicités refusent tous de donner aux mendiants.

La fermentation des instincts putrides désigne imminent le triomphe des Sept Péchés dans l'ardeur plénière de toutes les joies rousses. Les bêtes étranges se livrent à des DANSES horrifiantes. Brouhaha croissant. Mouvement précipité. Musique diabolique et emportée. Puis tous se retirent.)

ADAM. (Il se réveille.)

Seigneur! tous ces pauvres enfants que je viens de bénir, hélas! leurs tentations ne seront-elles pas trop fortes? Hélas! Hélas! Déjà je les vois, ravis éternellement à votre gloire, se tordre dans le feu des regrettables enfers. Et combien dont les crimes ne seront pas énormes s'en iront lentement vers la sourde attraction des flammes lancinantes, empêtrés dans l'ornière de leur lénitif train-train de vie!

(Il se met en prière.)

Seigneur! Votre rêve m'avertit : pour qu'ils soient délivrés, que le fardeau des tentations retombe sur moi, sur mes épaules endurcies à votre discipline, ô Juste!

(Tonnerre.)

UNE VOIX D'EN HAUT.

Ton vœu sera réalisé! Lève-toi, n'emporte que ta croix, va tout droit devant toi. Va dans la solitude, et ne te confie qu'en ta prière, ô Adam, car ton corps va resurgir, voué désormais à l'inquiétude, dans sa jeunesse et sa beauté.

(Adam, dans le nimbe lumineux qui émane de lui-même, traverse lentement, avec son effort et la croix, la cathédrale.)

RIDEAU.

ACTE TROISIÈME

(La scène représente une lande, avec l'ermitage du saint Adam, et son jardin ; une palissade basse enclot le jardin, à l'intérieur duquel on voit Adam, jeune et beau, prier sans qu'il puisse être aperçu des passants de la lande. — Le crépuscule du soir approche.)

UN VAGABOND. (Il chante en s'éloignant.)

Je suis l'Enfant, je suis le Pauvre et je suis nu.
Je n'ai pour seul gardien que ton silence, ô Nuit :
Et mes rêves en foule, au bord de tous les fleuves,
Ont conduit dans la joie mon âme toujours neuve.

OCULI (Harassé et misérable, arrive et s'assied sur une pierre. Il regarde ses mains.)

Mes lourdes mains inscrivent la légende de mon
Dans leurs géographies que trament [âme,
Les correspondances,
Des jeux dorés du nombre qu'aux parois de l'im-
Les astres énoncent. [mense

Pauvre âme, et mon cœur sec, et la mort qui s an-
[nonce,
Et moi que tant d'amour vers la toute lumière
Fleurissant les seuils d'or d'une aurore de roses
A conduit à la source des sagesses premières,
Et m'a fait tel qu'ici, triste et faible et morose.

(Il s'éloigne.)

ADAM. (En prière dans son jardin.)

Je veux redire, Seigneur, les paroles que tu m'as dites :

Verse sur toi, mon fils, comme une eau bienfaisante,
La Foi, la Charité, mais nourris l'Espérance
Des larmes que répand celui que le Remords
Conduit dans la Douleur aux portes de la Mort.
L'espérance qui naît du repentir est bonne,
Mon fils ; il me loue, l'ange qui te la donne.

(Arrive le grand géant Adamastor. Il porte sur son dos un gros sac gonflé d'on ne sait quoi, et tient à la main une lyre. Bientôt il s'arrête devant la porte de l'ermitage et chante en s'accompagnant de sa lyre. De temps à autre, il frappe à la porte en cadence, toujours plus violemment.)

ADAMASTOR.

Très cher, très saint Ermite,
O source de prières,

Loin des hommes isolé dans ta vie,
Comme une source secrète au fond du soir lunaire.
Très cher, très saint Ermite,
Ouvre à ton frère :
Je suis le grand Adamastor,
Celui qui mord la mort.

Ouvre, viens sur ton seuil :
La nuit descend dans ses doux voiles
Et le soir bleu qui fume a fait la terre amène.
Et les rondes des vierges sur les collines prochaines
Se balancent
Comme une panerée de fleurs
Que le zéphyr épanche.

Viens voir :
La nuit comme un appel à des songes heureux,
La nuit amène, elle est venue
Par les routes séraphiques qui descendent des nues.
Quelles lyres inneffables a suspendues
Le soir, oiseau bleu!
Ermite,
Tes mains fleuries de prières,
Etends les sur le val où dormira ta chair.

C'est l'heure où les parfums triomphent dans l'éther,
Où les routes sur la terre
Tracent de grandes croix bleuissantes vers les cieux.

Très cher, très saint Ermite,
Ouvre, ouvre à ton frère,
Le grand Adamastor,
Celui qui mord la mort.

Ouvre, le soir fraîchit, la bise approche.
Bientôt les loups viendront.
Ton cœur est-il une roche ?
Bientôt les feux follets
Dansent en rond :
Le diable cueille
Ces fleurs de feu.

Ouvre, j'ai sept châteaux,
Tu auras le plus beau.

Ouvre, et s'il t'arrive un jour
D'être en butte à la haine,
(Car toujours quelque peine
Mêle de l'amertume au flot mouvant des vies,)
Je mordrai ton ennemi.

Ouvre, reclus :
Bientôt viendront
Les feux follets
Danser en rond :
Le Diable cueille
Ces fleurs de feu,

Ouvre, ou ta porte est renversée!
Ouvre, ou tantôt mon épée
Longue comme un cercueil
Fera la petite dame rouge
Dans ta gueule perforée.
Ouvre! Ouvre! Méchant reclus
Ton âme est plus
Pleine de malfaisance
Que le derrière d'une vieille femme!

Pan! Pan!

(Il renverse la porte en prononçant les derniers vers, et s'avance par l'ermitage jusque dans le jardin où il trouve Adam en prières.)

ADAMASTOR.

Pourquoi n'as-tu pas ouvert, lorsque j'ai frappé?

ADAM.

Je ne t'ai pas entendu, mon frère; mais puisque tu es entré, c'est bien.

ADAMASTOR.

Non, ce n'est pas bien, puisque j'ai brisé ta porte.

ADAM.

J'en ferai une autre.

ADAMASTOR.

Non, tu n'en feras pas une autre, puisque je vais te tuer.

ADAM.

Qu'ai-je fait, mon frère?

ADAMASTOR.

Hé! mais, hypocrite, tu as refusé aide à un chrétien.

ADAM.

Je ne t'ai pas entendu, parce que j'étais en prières.

ADAMASTOR.

C'est bon, c'est bon. D'ailleurs je n'avais tout de même pas réellement l'intention de te tuer. Je voulais seulement te demander l'hospitalité.

En retour de ton hospitalité, je te permets de faire trois vœux. Quels qu'ils soient, ils seront réalisés : car tu vois en moi le plus fort et le plus riche homme du monde, et c'est mon principe de bien récompenser, pour que l'on ait avantage à me bien servir.

ADAM.

Je serais fort effrayé si je croyais à la réalisation de tous mes vœux. Aussi, permets que j'épuise de suite le dangereux pouvoir que tu m'as donné : le premier de mes vœux est que tu profites de mon hospitalité pour te réconforter à l'aise ; le deuxième, si tu l'as pour agréable, que tu me dises le contenu de ton grand sac ; le troisième...

ADAMASTOR.

Arrête, pour le troisième, avant de le sacrifier si légèrement : tu me le diras à mon départ. Il te sera doux, dans ta vieillesse, de te souvenir que pendant plusieurs heures au moins, tu fus libre de choisir quelque empire.

Quant à ce sac, il contient ta curiosité.

ADAM. (Il recule effaré.)

Ma curiosité !

ADAMASTOR.

Oui.

(Il retourne le sac qui se vide d'un gros tas de sable.)

Limon humide des mers primitives! Sans doute dans ton sein, trouble élément, le hasard, que tout règle, fit éclore la première vie. Le même astre déjà qu'à présent lui versa la lumière, et pendant des siècles elle pullula, faisant les flots pleins d'une intime effervescence. Bientôt maintes espèces, sorties de toi, se nourrissaient les unes des autres, et l'amour, les saisons et les luttes régnaient sur l'empire cadencé des alternatives marines, bien avant que des hommes parussent sur le rivage et s'arrêtassent, émerveillés des croupes argentées qui blanchissaient les flots.

Ils les nommèrent sirènes, et leurs voix leurs parurent mélodieuses. Elles revenaient selon les mêmes mirages que nous voyons encore et ils crurent qu'elles chantaient les passions humaines dans un mode divin.

Cependant, limon, de toi seul tout était sorti, et dans ton sein un jour se confondra la dernière poussière du dernier homme. Mais la force du désir t'a sans cesse transformé, et ce peu de sable,

Adam, dont la valeur n'est que dans ta curiosité, il l'a excitée. Ha! Ha! Ha! Tout fait farine à bon moulin.

Vois, que c'est peu de chose; et cependant c'est en lui que j'ai mis ma force. Ma fortune est très grande et ma vie est pleine de toutes les richesses désirables, et j'ai vécu pour le limon de la terre, parce que mon désir est très vaste. Et lorsque ma force et ma puissance ne suffisaient pas, j'ai tout obtenu par ce peu de sable, par la curiosité des hommes, qui sont comme des femmes devant l'étranger. Vois, que c'est peu de chose; mais leur désir agrandit. Et il est possible, Adam, que si une fort belle femme était dans un château, refusant d'en sortir malgré l'attrait de mes prières, de mes richesses et de ma force, elle viendrait par la curiosité de connaître ce sac singulier.

Hé! j'ai sans doute voulu plaisanter, mais puisque tu es ermite, écoute l'enseignement : la sainteté donne sans doute de résister à soi-même, mais si tu as un cœur (hé! hé! c'est le plus moral des viscères!...) comment résister aux influences du dehors... si reclus que tu sois, la charité te force à communiquer avec le reste du monde... si tu as un cœur... et alors... toutes les portes ouvertes à l'ennemi...

(Adamastor s'est couché en partant, le sac lui servant d'oreiller, et s'est peu à peu endormi ; il achève :)

Bonsoir... tu me réveilleras demain matin... départ... n'oublie pas le vœu... sera exécuté de suite... Bonsoir...

(Il ronfle.)

ADAM.

Dors en paix, car tu as dis vrai en tous points : l'âme est ainsi qu'une voûte, sa clef éternellement s'érigera malgré les chocs extérieurs, mais cède facilement aux efforts de l'ennemi qui se révèle sous l'arcade.

(Il retourne se mettre en prières dans son jardin.

La tempête se déchaine sur la lande. Adamastor ronfle. Le ciel violacé d'ires épaisses sous lequel passe le vol en zigzag brusques des oiseaux d'orage et de nuit, au sang de mercure et aux prunelles de feu, raccourcit de ses ténèbres les horizons bitumeux, tandis que des arbres maigres, affolés par la rafale, se cassent en d'épileptiques contorsions, avec des angles si subits et des attitudes si tordues, que c'en est curieux à voir comme une gageure de damnés.

Le vent souffle et les bruyères se penchent en pleurant.

Et leurs milliers d'yeux font toute violette la terre maigre comme une vache pelée ; et la lune tourmentée, pleine d'une inquiétude verdâtre, vomit comme dans les derniers détraquements ; les horizons s'emplissent d'effroi.

Une vieille, cassée en angle droit, les rides profondes comme celles de l'étang en mars, va par la lande, se couche sur la terre maigre, embrasse avec fureur ses aphtes et ses psiorasis de lèpre ; ainsi communie-t-elle avec celle dont notre chair est faite.

Et dans les carrefours de Dieu sait où, crient des voix, hurlent des voix : « Hé ! là-bas ! Priez pour nous ! ».)

LA VIEILLE.

— Hé ! bon saint ! Hé ! l'Esprit, ouvre moi, hé, l'Esprit, *spiritus flat ubi vult*, ha ! ha ! ha ! je pète de terreur, ici !

ADAM.

Entre, sainte femme. Bois, mange, dors.

(Il lui donne sa paillasse, de l'eau et du pain, et la vieille s'endort ; Adam retourne dans son jardin.)

Je vais dormir ici, malgré la tempête.

(Apparaissent sur la lande trois jeunes femmes fort belles et vêtues de blanc. Elles se dirigent vers l'ermitage ; la vieille vien leur ouvrir.)

LA VIEILLE. (A la porte de l'Ermitage.)

Entrez, entrez, la demeure est ouverte.

ADAM. (Dans son jardin.)

Dormirai-je ? Cette tempête est forte.
Souvenirs qui affolez mes moëlles inconstantes !
Le poids des longues chastetés courbe mon âme dans la douleur des tentations qui persistent.
Prions :
« Naquit un enfant très charmant, aux étables

lointaines. Ouvrez : nous sommes les Rois mages ; la flûte nous précède, qui verse en longs effluves dans les âmes le calme. Ouvrez : nous apportons l'encens et la myrrhe et nous venons très simplement, car nous sommes harrassés.

— ... Harrassés ? Oui, mais de quoi ? Qu'ont-ils fait pour être harassés ?

Seigneur, dèlivrez-moi de la tentation.

(Il se donne de la discipline.)

Ha ! Ha ! Pourriez-vous me dire si deux et deux font quatre, ou si c'est quatre qui fait deux et deux, demandait un idiot qui n'avait jamais pu compter jusqu'à cinq.

Ha ! j'enrage, je suis fou, je suis furieux. Ha ! La chair de l'homme et celle du cochon ont de grandes analogies de goût, disent les voyageurs que la contrainte fit anthropophages. Hélas ! Hélas ! Hélas !

— Seigneur ! voici qu'à présent comme des caresses lascives sont les coups de la discipline.

Hé, discipline, quelle sève te fait soudain turgide, comme si tu étais le sexe érigé de la tempête ? Mon cerveau devient tout rouge.

(Approchent les trois femmes en blanc qui se livrent devant le saint à une belle DANSE.)

ADAM.

Adamastor ! Adamastor ! Quelle infernale cadence précipite la réalisation de tes prophéties !

Malheur à celui qui ouvre sa porte à l'étranger : perfide vieille, tu as amené celles-ci. O Adamastor, ô très prudent, il était vrai. Et mon amour, qui charria sur moi, dans la cathédrale, le fleuve illimité de la tentation, certes, Seigneur, qu'il soit maudit, à tout jamais loin de moi. Puissé-je vieillir sans lui, pour que tu écartes de moi la tentation de ces trois femmes.

(Elles disparaissent.)

ADAMASTOR.

Tu m'as appelé, je crois. Est-ce pour le vœu?

ADAM.

Le Vœu?... Hélas ! Hélas ! Ah va t'en, va t'en, et puisses tu mettre entre toi et moi plus de cent jours d'une marche douloureuse.

ADAMASTOR.

Les saints ont l'humeur singulière. Adieu.

ADAM. (Seul.)

Hélas ! le démon est toujours enfermé, mais par

le vœu surprenant j'ai perdu mon amour! Et toi, essence véritable de l'univers, comment t'aimer désormais, toi qui n'apparais aux hommes que dans tes créatures, que je me suis faites étrangères. Puisque la fleur d'humilité fut la favorite de mon jardin, pourrais-je adorer en ma personne le Dieu que tous révèrent?

Partir, partir dans la tempête qui déchaîne autour de moi la meute hurlante des chiens louches du Destin; marcher tant et tant que je voie toute la terre, pour être partout étranger; gravir dans la nudité des montagnes de neige, dormir dans la crainte auprès des lions, livrer dans la joie mes doigts en pâture à des fleurs venimeuses, courber sans espoir ma tête sous le pied des belles femmes vaines de leur amour, et perdre dans l'excès de la chasteté jusqu'au souvenir d'avoir été homme : souffrir en dix ans tellement que le Destin se lasse, pour que j'aie tout épuisé et que je revienne ici comme j'étais hier.

(A travers la Tempête et la Nuit, Adam précipite dans la lande sa marche vers l'inconnu, en proie à l'affaissement de lui-même.)

RIDEAU.

ACTE QUATRIÈME

(Le laboratoire d'Oculi, avec sa bibliothèque où l'on voit quelques livres et beaucoup de bouteilles couchées. Dans une cage vitrée, la bouteille au diable. Au mur, copie de l'*Adam et Eve* de Cranach. Le domestique d'Oculi, seul dans le laboratoire, prend les poussières.)

LE DOMESTIQUE.

Décidément, je crois que mon maître, le grand Oculi, est devenu complètement fou. Il parcourt sans cesse la maison, du grenier à la cave, comme une âme en peine; il ne s'intéresse à rien, pousse des soupirs, gesticule, demeure des journées entières en chemise sans s'habiller; il boit comme un trou et il a fait transporter son vin dans sa bibliothèque. Enfin, il me permet tout, au point que l'autre jour, pour expérimenter jusqu'où irait sa folie, j'ai rossé un de ses visiteurs, et mon maître n'y a pas pris garde. Ah! le premier qui viendra me servira encore à quelques petites expériences.

(On frappe.)

Entrez !

ADAM.

Ton maître Oculi est-il ici?

LE DOMESTIQUE.

Certainement, donnez-vous la peine de vous asseoir.

(Il lui tend une chaise, et la retire, en sorte qu'Adam tombe à la renverse.)

ADAM (furieux, lui donne un coup de poing).

Polisson! Ton maître apprendra la façon dont tu te conduis.

LE DOMESTIQUE.

Ho! mais! vous frappez un travailleur. Croyez-vous que nous sommes encore au moyen-âge! Rrrran!

(Il donne lui un grand coup de poing. Bataille. Adam, vainqueur, renverse le domestique.)

ADAM.

Maintenant, morpion, va dire à ton maître que je l'attends.

LE DOMESTIQUE.

On y va, on y va, bourgeois. Faites excuses, qui dois-je annoncer?

ADAM.

Adam.

(Seul.)

J'ai voulu, dans mon voyage, revoir mon ancien maître Oculi. Maintenant que les jours écoulés m'ont tout à fait rasséréné, la vue du grand homme me sera douce. Beaucoup de temps ne s'écoulera pas avant que je détermine mon sort : qui sait si comme Oculi je ne m'adonnerai pas au culte de la science, tout en reprenant le trône que me confère ma dignité épiscopale?

Tiens, mon portrait par Cranach, avec Eve. Pauvre Eve! Depuis des milliers d'années, elle dort sous les monts Himalaya, énorme tombeau. Mais ici elle conserve son regard au désir contenu, et son air de ruse; moi je parais plutôt attendre avec espoir. Pauvre fille! Elle mentait avec tant d'aisance, et au contraire quand un sentiment naturel se faisait jour en elle, elle montrait une confusion si pleine de grâce, qu'à ses côtés je me suis toujours senti plein à la fois d'humilité et d'attendrissement.

Et toujours, malgré ses méfaits, lui ai-je garde beaucoup de reconnaissance, car elle m'a donné de bien bonnes heures !

OCULI (entrant, avec un nez trognonant.)

C'est toi, c'est toi, ô mon ami ! Quel bonheur, mon ancien compagnon, ce m'est de te revoir, illustré par ta sagesse et ta sainteté. O coïucidence qui me surprend !

ADAM.

O mon ancien maître, ô mon père, c'est avec ferveur que je m'approche de toi.

OCULI.

De moi, malheureux que je suis ! Hélas, Adam, je ne suis digne que de tes prières et de ta pitié.

ADAM.

Exagérée à ton âge, sans doute, est la modestie qui te fait ainsi parler. Mais quelle coïncidence peut surprendre ta connaissance, déja si nourrie de par ailleurs et qualitativement ?

OCULI.

Hum ! Co... Coïncidence. Hum... Parfaitement. Et ton voyage s'est-il bien passé?

ADAM.

Parfaitement. Mais cette... coïncidence?

OCULI.

Ah! mon fils... hum...

...Girations giratoires des mondes giratifs! Tout est giration!

ADAM.

Parole profonde.

OCULI.

O vanité des vanités, tout est vanité!

ADAM.

Parole très profonde.

OCULI.

O mencement des commencements des recommencements! Tout est recommencement!

ADAM.

. . . .

OCULI.

Hélas!

ADAM.

Et alors... la... la... coïncidence..., par conséquent...

OCULI.

Hum!... parfaitement.

ADAM.

Tu disais qu'elle...

OCULI.

Qu'elle... Eh! bien oui, mon fils tu sauras tout... il l'aurait quand même fallu. Cet aveu m'est pénible, mais pourtant je ne te cacherai rien.

Durant les âges qui m'ont mené de l'enfance jusqu'à la vieillesse, j'ai peu arrêté ma vue aux aspects familiers de la vie. Hélas! mon esprit, plus exigeant que l'âme des héros qui consacrèrent leur valeur à l'attaque de monstres divers, mon ambitieux esprit considéra qu'une seule place me convenait dans l'étendue de toutes choses, car il n'en est qu'une qui soit la meilleure. Et pourquoi donner à de petites choses une partie des forces que l'on destine à une grande conquête : les petites choses disparaissent aux yeux d'un ambitieux véritable. Ainsi dès l'abord me portant vers l'essentiel, je me figurai l'univers par le simple : tel enfin qu'un grand cercle, et la circonférence en était mon désir, et j'en était le centre. Mais nous n'y bûmes point : en effet, je m'aperçus bientôt que la circonférence était partout, et le centre nulle part. Je n'étais que le fils du hasard : alors, circonscrivant plus étroitement mon univers, je n'eus plus d'autre désir que celui de la science. Je crus que par elle je participerais mieux que par tout autre effort à la grande vie des mondes et à la passion soutenue, O mon fils, je crus que le bonheur devenait mon domaine : j'avais trouvé la place du centre, la mienne ; et la vieille servante de mon père jugea que c'était un centre plein de gravité.

J'abrège, mon fils. Ici commence l'aveu de ma douleur : ô faillite de la science ! T'expliquerai-je pourquoi je suis las, ou bien vis-tu mes pleurs, et compris-tu l'aveu pathétique que je me fis de leurs causes, le jour ou j'étais, déplorable vieillard, dans la cathédrale radieuse.

Il n'importe, mon fils ! Mais voici quelle coïncidence me surprit : lorsque tu es entré tantôt, je me faisais promesse d'aller à ton ermitage te demander une grâce.

ADAM.

Parle vite, grand Oculi : ton malheur me confond, et il n'est rien que je ne fasse pour toi.

OCULI.

Je ne t'ai pas dit, en outre, que depuis ton départ et mes malheurs, je m'adonne à une ivrognerie conforme aux exemples les plus navrants. Pour que je recouvre la paix de l'âme, il faut que je cultive Dieu, que dans le fond j'ai toujours méconnu, et que je vive dans la solitude. Mais hélas, un regret m'attriste, à réduire à néant, par un abandon trop complet, le fruit de mes travaux passés. Pour que tout ne soit pas perdu, veux-tu, Adam, continuer mes travaux, prendre ma place ici, et me donner la tienne à l'ermitage !

ADAM.

(A part.)

O coïncidence qui me surprend ? Voici mon souhait de tantôt qui se réalise.

(Haut.)

Mais ne serais-je pas indigne et incapable, grand Oculi, de continuer tes travaux ?

OCULI.

Non certes, mon fils. Rien n'est plus simple que

le génie, et j'ai reconnu que tu n'en manquais pas. Dès aujourd'hui, d'ailleurs, je te donnerai quelques enseignements; et je les continuerai, quoique demain déjà je parte pour l'ermitage. Toi, tu resteras ici. Il est probable qu'après une vie nouvelle de solitude et de méditations pieuses, je me ferai élire député, malgré ma gloire présente, comme me le conseillait hier M. Arthur Desjardins. En effet, ainsi qu'il le disait fort justement, il est bon de porter la morale au sein des grands établissements et de la vie publique.

ADAM.

Très bien. Commençons les enseignements.

OCULI.

O mon fils, c'est avec joie que mon antique sagesse salue en toi cette ardeur, cette vive appétence, prémices d'une gloire véritable. Ta hâte est d'autant plus opportune, que bientôt je devrai me consacrer aux préparatifs du départ : je passerai la nuit dans cette maison, mais dès l'instant où je quitterai ce laboratoire, tu ne me verras plus : c'est ainsi qu'un éloignement subit solennisera la dernière entrevue que tu auras avec le grand Oculi, membre de l'Institut. Dès lors je ne serai plus que frère Oculi; je n'ornerai plus de l'éclat de ma gloire l'illustre compagnie des vieillards qu'occupe la science du siècle, et pour mieux marquer ma radicale transformation, je veux même changer mon nom contre celui de Pancrace.

ADAM. (Il pleure.)

O mon vénéré maître, je verse des larmes devant un si complet renoncement : non, non, tu n'abandonneras pas le nom que tu as rendu glorieux par tant d'immortels travaux.

OCULI. (Il pleure.)

Si! Si!... je veux... et même... le nom d'Oculi, mon fils, tu le prendras... je te le donne!

ADAM.

O bienfait dont je ne m'étais pas rendu digne, ô legs dont les âges admireront l'importance!

OCULI. (Vexé.)

Commençons les enseignements.

Tu vois ces livres que de subtiles recherches ont assemblés, sur lesquels mon front douloureux s'est penché durant de longues années : c'est... hum... une bibliothèque!

ADAM.

Spectacle qui me ravit, ô maître! Et sans doute, ces bouteilles, elles contiennent des élixirs inconnus...

OCULI.

Oh! ce n'est rien... c'est ma cave que j'ai fait transporter dans ma bibliothèque.

ADAM.

...

OCULI.

Je... je te la lègue avec le reste!

Continuons les enseignements.

Il ne convient pas, mon fils, que comme font les pédagogues d'à présent, tu ailles dans les études du particulier au général, car les routes n'en offrent dans leur ensemble et leurs corrélations, nulle architecture ordonnée, joie du sage. Mais au contraire, prenant connaissance de ce qu'il y aura d'assuré dans les connaissances générales et simples, comme A = A, et autres beautés philosophiques, tu passeras de celles là aux moins générales et plus complexes. Tu observeras cette loi dans l'étude successive des sept sciences fondamentales, et encore dans l'étude de chaque science en particulier, prenant d'abord de chacune ce qu'il faut pour arriver à la suivante, et de toutes les rapports qui les unissent. Par la même méthode tu prendras connaissance de l'esprit de tous les temps, mais premièrement du temps présent.

Il va depuis MM. Benjamin Constant, Beyle, Comte, Carlyle, Darwin, Spencer et Nietzsche, et finit à M. Gide, en passant par plusieurs autres. On suppose qu'après cela tout va changer. Tu vois sur ce rayon les livres que tu dois lire pour acquérir une connaissance générale de l'esprit du temps. Voici aussi les livres de M. Gide, je les ai fait relier en cuir de tourterelle; tu te délecteras à leur lecture : je parle, bien entendu, du neveu de l'économiste. Il est fort aimé des plus récents esprits, qui l'ont chanté sous divers noms (1), mais je lui ai donné celui de docteur de la félicité.

---

(1) Pâtre des berges, vagabond aux yeux obliques, Gide le Confesseur.

Il doit beaucoup à MM. Laforgue, Barrès, Fénelon, Saint-François de Salles et Novalis ; mais c'est un esprit si complexe, qu'il n'en est que plus personnel.

Sur ce rayon voici de mes notes pour trois ouvrages : Tu pourras les mettre à profit. Le premier est : *De la maladie considérée comme conséquence dans les systèmes de forces des variations des parties entraînant entre deux ou plusieurs parties opposition d'énergie ; et comme fréquente selon la complexité croissante du système, sur lequel agit le système considéré, et selon la complexité croissante du système mettant en puissance actuelle le système considéré ; et dans les conditions de son intensité.*

Voilà au moins un titre simple et concis : recherche toujours ces deux qualités, Adam, et ne te laisse pas arrêter par les reproches des savants qui t'accuseraient de viser à l'élégance littéraire.

Le second ouvrage n'est pas moins intéressant ; mais je n'en n'ai pas encore écrit le titre.

Enfin, voici des notes sur les jeux qui furent donnés en spectacle aux divers siècles et pays, et sur la nature du plaisir qu'on y prenait. Ouvrage profond, tant dans ses recherches psychologiques que dans sa science historique.

ADAM.

J'ai hâte de m'en nourrir, mais parle moi du génie.

OCULI.

Il n'est rien qu'un effort de vie émouvant certains individus de qui s'irruent soudain, en heurts et harmonies, les sourdes accumulations d'une race. Insatiables ceux-là, qui voulurent accomplir toutes les possibilités de leur être. La mort est leur seule défaite, qu'ils haïssent à l'extrême. La différence de leur lot tient à une plus grande participation de ce qui fait motif de vivre, j'entends la compréhension des rapports, la gloire, les sens et la Beauté. Plusieurs se croient de cette espèce, qui n'en sont point. Mais malgré mon grand âge, si je rencontre un homme nourissant le désir du génie, qui n'en a point, je me plonge dans un profond étonnement. Car quelles harmonies avec le reste de l'univers ne présuppose pas dans un homme le seul vœu du génie? — Assez, je crois, pour fournir au spectacle de celui qui dans le carrefour populeux et traversé de son âme, édifie sa sérénité comme un temple à belles proportions.

Je ne proposerai donc que cette règle à tes méditations sur la méthode : de te pénétrer de l'intuition d'un être portera la marque de ton essence, si tu l'as fait en toute simplicité, et tu auras du génie d'autant que tu t'approcheras des choses, c'est à dire d'autant que tu les verras à travers toi-même.

Au revoir, mon fils. C'est à l'ermitage que tu me reverras, car tu viendras y chercher mes enseignements. Je passe encore quelques heures dans la maison, mais dès cet instant tu ne me verras plus : prends possession de ma bibliothèque.

(Accolades ; exit.)

ADAM. (Seul.)

Tant d'événements m'accablent, et cependant quelle ferveur nouvelle ont fait naître en moi les paroles du grand Oculi.

Mais voici que je suis devenu grand à mon tour ; voyons si ce récent aspect me sied :

« O girations giratoires des mondes giratifs ! Tout est giration !

» O vanité des vanités ! Tout est vanité !

» O mencement des commencements des recommencements ! Tout est recommencement ! »

Hé ! Hé ! je suis digne d'admiration !

Buvons un verre de vieux bourgogne pour nous remettre.

(Il prend une bouteille et boit.)

Cachons Satan dans un coin ; la vue de sa bouteille m'est désagréable.

(Il remise la cage vitrée dans une armoire. Il boit.)

Ha ! il me semble que je puis sans peché vider cette bouteille.

(Il boit.)

Naguère je nourrissais un vif désir d'ivrogneries, dont je me suis départi. Mais voici que l'orgueil de la science resçuscite en moi le vieil homme : il me semble que désormais je serai assez puissant pour ne tirer l'ordonnement de moi-même que de mes désirs. — C'est ainsi que les forces dont l'homme s'accroît lorsqu'il a chassé le naturel, ne servent souvent qu'à ramener le vainqueur à sa première pente.

(Il boit)

O vin, tu participes étrangement de l'ardeur solaire, car tu es l'âme subtile des raisins, et c'est sur eux que l'astre verse sa force avec le plus d'amour. L'homme que tu réchauffes précipite ses mouvements; son imagination renouvelée lui fait embrasser l'univers sous un aspect virginal. Aussi veut-il tout posséder, et Dionysos, père des nobles danses, le considère avec sympathie.

La hardiesse sied aux héros : je veux que mon désir, comme les fleuves, aille croissant sans cesse jusqu'à la mort.

Buvons, et que mes veines tressaillent, et que mon sang dans ma tête frappe comme un marteau.

Buvons, et que pour moi ce marteau forge des passions fortes comme une armée.

Buvons, et que ma tête trop lourde vacille comme une flamme, et que pleine de vapeur, elle fume comme un encens vers les cieux.

Et que les cieux me considèrent, et qu'il s'émeuvent à mon aspect.

Et qu'une danse comme un aigle ivre s'empare de mon corps, et que la fuite éternelle de sa cadence me précipite à travers les nuits.

Et que je dérive sur mes pieds comme une belle femme trop pleine d'amour.

Car je suis Adam et ne veux connaître que moi-même.

(Tonnerre. Oculi, attiré par le bruit, entre. Une abondante fumée dérobe les acteurs à la vue. Quand elle s'est dissipée, on voit Dieu le Père assis sur son trône. Adam et Oculi, comme dans un délire extrême, parcourent demi-circulairement et sans cesse la scène, en sorte de DANSE ; il convient que leurs gestes soient simples, peu variés, voire même raides et sommaires.)

DIEU LE PÈRE.

La nuit succède au jour, et l'hiver à l'automne : ainsi s'écoule l'universel mouvement, dans le stable ordonnement que nourrit mon absolu.

ADAM.

Hélas ! Hélas !

OCULI. (A Adam.)

Hélas ! Hélas ! Qu'as-tu fait ?

ADAM.

Hélas, hélas, misérable, j'ai bu trop.

OCULI.

Je pleure avec toi et je prévois un grand malheur.

ADAM.

Hélas, hélas, je m'attriste sous l'insupportable fardeau.

OCULI.

Hélas ! Hélas ! Le malheur d'un seul homme engendre toujours celui de beaucoup d'autres.

ADAM.

Hélas ! Hélas ! Ma joie était trop grande.

OCULI.

Hélas ! Ma douleur est si grande, qu'il me semble qu'elle se nourrit de celle de tous les autres hommes.

ADAM.

Hélas ! Hélas ! Hélas ! Le démon va s'echapper.

OCULI.

Hélas ! Hélas ! Hélas ! Je suis si malheureux, que désormais je n'ai plus à pleurer que sur ma mort prochaine.

DIEU LE PÈRE.

O Adam, évêque, tu as blasphémé, et je m'attriste sur toi, et voici que tu vas redevenir le domestique d'Oculi ; et voici que le démon va s'échapper, et qu'Oculi va reprendre ses travaux.

(Le Diable, sorti de l'armoire, apparaît.)

LE DIABLE.

O jour, ô lumière, que je reprenne mes sens.

(Il rosse Adam.)

ADAM. (Au Diable.)

Je suis rossé, mais tout de même, je demeure Adam.

OCULI.

O Adam, il convient de se remettre à l'œuvre.

LE DIABLE.

O hommes, c'est avec trop de facilité que je triomphe incessamment de vous dans l'incessante lutte. A la fin, il n'y a plus de plaisir. C'est toujours la même chose. Aussi, je m'adresse à toi, Lumière des Lumières, Père de toutes les existences, ô Dieu : oui, je viens te demander enfin à me ranger sous ta pieuse loi. Mon âme fleurira dans la soumission.

DIEU LE PÈRE.

O mon fils... non, je veux dire : ô ange déchu... je suis très touché... mais tu comprends... à mon âge... enfin, je ne saurais accepter : je suis trop vieux pour changer mes habitudes.

(Fumée, tonnerre, musique, brouhaha.)

RIDEAU. — FIN.

Bruxelles, avril 98.

A AUGUSTE DONNAY.

HERCULE A LERNE

Les jours donnés aux dieux ne sont jamais perdus.

JEAN DE LA FONTAINE.

PERSONNAGES :

HERCULE.

ASTYOCHÉE, sa femme.

THESTIUS, leur fils.

L'HYDRE.

UNE FAMILLE ÉPLORÉE.

UN VIEILLARD.

LE CHŒUR. (Vieillards, Pâtres; Vierges; Peuple.)

HERCULE.

O Astyochée, d'après le tableau que l'on m'a fait de la forêt où nous entrons, je reconnais que nous ne sommes pas éloignés de l'antre. Reposons-nous dans cette clairière : peut-être verrons-nous bientôt l'hydre sortir de sa ténébreuse demeure.

ASTYOCHÉE.

Voici précisément une large pierre, plate et circulaire comme une table, autour de laquelle nous allons nous asseoir. Thestius, mon fils, ouvre l'outre au vin : je remplirai cette coupe, pour que ton père boive et se réconforte.

HERCULE.

O femme, ta sollicitude n'est pas vaine, car les héros aiment le vin et son odeur. Nous boirons tour à tour. Donne moi la coupe. Le doux ombrage que les arbres versent sur nous est mouvant, et par instants je vois l'astre du jour qui semble s'être arrêté dans sa course. Calme profond! — Bois un bon coup, Thestius, mon fils : j'aime à voir tes dents blanches. Et toi, Astyochée aux seins hauts, considère ma tranquillité. A l'approche des combats, mon âme souvent tumultueuse entre dans la sérénité : voici que cette clairière dans les peupliers blancs m'appararaît comme le séjour des dieux, et lorsque je m'asseoirai dans l'Olympe pour d'immortelles noces, l'harmonieux cortège des heures ne m'apportera rien de plus qu'à présent.

Astre dont la lumière baigne les membres nus d'Hercule, je lève vers toi cette coupe, pour que tu te mires dans le vin que je vais boire : si tu le veux, mon généreux effort va triompher de l'hydre, et la bête des nuits, qui exhale l'odeur terrible d'un cimetière éventré, ne troublera plus de ses dévastations la chère paix des hommes.

Il me tarde de voir le monstre : Thestius, mon fils, va dans les environs, à la recherche d'un habitant qui pourrait nous servir de guide.

(Thestius part.)

ASTYOCHÉE.

O Hercule, puisque Thestius s'éloigne, laisse-moi te confier un vœu qui m'est cher.

Ta vie vagabonde, Hercule, étonne les populations ; je conviens que l'on admire ton héroïsme, mais pourras-tu toujours sans fatigue être autrement que les autres ? L'héroïsme est fort beau, je l'admets, mais si tu le pratiques éternellement, c'est donc qu'il ne t'aura mené à rien : or il faut que la vie ait un but. Ne me dis pas que l'héroïsme même est le but : car lorsque tu seras parvenu à un certain âge, sera-t-il décent que tu te fasses remarquer par ton excentricité ? Comprends bien que j'admire l'héroïsme : mais ne sens-tu pas que dans ta manière de vivre il y a quelque chose qui choque le sens moral ?

HERCULE.

O femme, tu te révèles à moi sous un aspect nouveau : comment oses-tu parler ainsi, toi que j'aime ?

ASTYOCHÉE.

Je t'aime et crains pour toi d'inutiles dangers. Certes, je ne te dis pas de fuir la victoire, mais si tu voulait seulement user d'un stratagème que j'ai inventé ?

L'hydre, tu le sais, a sept têtes qui repoussent

incessamment lorsqu'on ne les abat point ensemble. Si tu mets le monstre à mort, le peuple aura vite oublié ton bienfait : te voici voué à de nouveaux combats. Mais veux-tu vivre dans l'amour du peuple, dans l'abondance heureuse que donne cet amour ; veux-tu connaître dans une douce sécurité les joies sans cesse renouvelées de la victoire? Alors écoute-moi.

Voici la muselière Heptakèphale que j'ai fait fabriquer par le plus habile des corroyeurs. D'un mouvement adroit, tu enfermeras dans cette muselière les sept têtes de l'hydre. Tu seras pour le peuple le plus grand des libérateurs, et, te gardant bien d'abattre les sept têtes d'un seul coup, tu en couperas quelques unes chaque fois que tu le jugeras convenable à l'édification populaire.

HERCULE.

Voilà ce que tu m'oses proposer? Il n'est pas dans la nature d'Hercule de faire durer de faibles plaisirs.

(Passe un vieillard.)

Mais voici quelqu'un qui va nous indiquer la retraite de l'hydre.

— Vieillard, veux-tu me montrer la route qui mène à la demeure de l'hydre?

LE VIEILLARD.

Que dit-tu, malheureux étranger? Ignores-tu qu'il n'est pas monstre plus terrible sous les astres!

HERCULE.

Ne crois pas, vieillard, que seul ton pays produise des monstres. — Tant que la terre supportera des hommes comme Hercule, il naîtra des monstres pour fournir un aliment à leur bravoure.

LE VIEILLARD.

Hercule? Je sais que ce héros existe.

HERCULE.

C'est moi. Le centaure Chiron m'enseigna l'astronomie, et les noms de toutes les plantes.

LE VIEILLARD.

Homme, je démêle facilement l'imposture d'un étranger. J'ai vécu quatre-vingts années sans voir Hercule, et tu ne me feras pas croire que c'est toi. Adieu, imprudent : le temps me presse, car je vais précisément visiter une honnête famille qu'un nouveau crime de l'hydre vient de jeter dans la désolation.

(Exit.)

HERCULE.

Ce vieillard est stupide. Mais Thestius va bientôt revenir, et nous indiquera la route.

Rapproche-toi de moi, Astyochée. Nous sommes seuls. Un désir...

ASTYOCHÉE.

Ah! pas du tout!

HERCULE.

Qu'as-tu, chère femme? D'habitude...

ASTYOCHÉE. (Elle pleure.)

Malheureuse femme que je suis! Crois-tu que je puisse supporter de n'être la maîtresse que d'Hercule, et n'avoir aucune part du héros?

HERCULE.

Mais la part que je t'offre me semble, au contraire, assez considérable?

ASTYOCHÉE.

Ah ! tu ne m'as jamais aimée. Méchant ! Méchant !

HERCULE.

Voyons, chère petite Aty : puisque je t'aime !

ASTYOCHÉE.

Alors, il mettra la muselière à l'hydre...

HERCULE.

Ah! non ! Assez! Assez! C'est fini. A cause de toi...

ASTYOCHÉE.

Comment ! à cause de moi... Parce que je t'ai parlé d'une muselière pour l'hydre, notre joie sera-t-elle moins profonde?

HERCULE.

Non, mais alors tu me promets de ne plus en parler ?

ASTYOCHÉE.

Ah ! si, au contraire ! Tant que tu ne me l'auras pas accordé, plus jamais...

HERCULE.

C'est là le prix que tu fais de ma tendresse? .. Au surplus, voici Thestius qui revient.

THESTIUS. (*Suivi de deux groupes, l'un de Pâtres et l'autre de Vierges.*)

Voici des bergers et des vierges, ô Père, qu'amène l'admiration qu'ils ont de ton entreprise.

L'Hydre habite dans ces rochers escarpés, au fond d'un antre tortueux dont le sol est semé de crapauds et de serpents.

LE VIEILLARD. (Revenant suivi d'un groupe de vieillards.)

O compagnons incrédules! Je vous l'avais bien bien dit ; voici Hercule, voici le héros qui vient détruire l'Hydre.

LES VIEILLARDS.

Permets, ami, que j'aille le saluer : un grand trouble succède à mon incrédulité.

(Ils s'approchent d'Hercule.)

O héros! Je me réjouis de ta venue,
Et mon front se ranime, et je loue les dieux :
Car de voir un héros couronnera ma vie

En offrant à mes yeux
Celui qu'en ma jeunesse je rêvai devenir.

Tu es celui qui réalise
Les seuls travaux d'un homme aux dieux qui soient
Ta vie énorme incarne [possibles.
Le rêve qu'en silence a caressé mon âme.
Et voici que tu viens à l'appel de ton astre,
Simple comme ceux là qui n'ont qu'une chose à
Dresser ton arme de lumière [faire,
Contre la bête des désastres !

LES PATRES.

Tes vies, Hercule, sont innombrables :
Car ta gloire multiplie ton nom
Au cœur des jeunes hommes.
Les nombreux dont la ferveur te nomme
En long pélerinage
Vers les monts
Où la lumière s'éveille,
D'un univers à ton image
Nourissent ton orgueil.

LES VIERGES.

O mes amies
Voici qu'à sa venue

Brillent des fleurs nouvelles en mon âme confuse,
Car au rêve silencieux de ma vie
Ma fierté trop grande s'était accrue
De cette pensée
Sans cesse caressée
Qu'il n'est rien de plus haut que l'amour d'une vierge :
Mais plus que cet amour, n'est-il beau,
Le prix que lui donne un héros ?

HERCULE.

(A sa femme.)

Tu vois l'enthousiasme de ce peuple étranger. Ne fait-il pas honte à la compagne d'Hercule des bas artifices auxquels tu voudrais que je m'emploie ?

(Au peuple.)

Dis-moi, ô peuple hospitalier, où se cache le monstre que je brûle de combattre.

UN VIEILLARD.

C'est ici dans ces rochers. Ne t'aventure pas dans l'antre obscur, mais attends l'Hydre à la sortie. Surtout, sois prudent, car ce monstre invincible met les armées en fuite.

UN VIEILLARD. (A un autre.)

Pourvu qu'Hercule réussisse! Cela n'est pas malin, d'être un héros, si c'est pour se faire tuer.

(Hercule, guidé par un vieillard, s'est avancé jusqu'au pied des rochers, à l'entrée de l'antre.

HERCULE.

Je vais attendre le monstre ici jusqu'à ce que, soit pour m'attaquer, soit pour chercher sa nourriture, il sorte.

Hydre! il t'était réservé de fournir à l'une des plus vives joies d'Hercule. Viens! bête épouvantable! viens, que je t'attaque, que je t'abatte, que je te terrorise, que je te charcute, que je te massacre, que je te découpe, que je t'écrase! Viens, bête détestable, viens, que je t'étouffe, que je te détraque, que je te brise, que je te détruise, que je te pulvérise, que je te démolisse, que je te pétrisse, que je t'anéantisse, que je t'écrabouille. Viens, bête sale, que je te renverse, que je te blesse, que je te transperce, que je te traverse, que je te disperse, que je t'assomme, que je te taillade, que je te broie, que je te supprime, que je te torde, que je te noue, que je t'émiette, que je te décapite, que je te dépeaute, que je t'édente, que je te rosse, que je te mouille, que je te désosse, que je te défasse, que je te casse, que je te fracasse, que je te décarcasse.

L'HYDRE. (Dans son antre.)

! ! ! ! ! ! ! ! ! ! ! !

LE PEUPLE

Gloire ! Gloire au magnanime héros !

ASTYOCHÉE.

Il est temps encore : avant que l'Hydre sorte, prends cette muselière et promets-moi que tu la lui mettras.

HERCULE.

Jamais !

ASTYOCHÉE.

N'est-t-il pas cruel pour une épouse d'être vouée à la honte de tels refus?... O Hercule, je te le dis pour la troisième fois : si tu n'accèdes pas à ma prière, désormais ne reçois plus de moi le moindre signe d'amour. C'est en vain que tu diras m'aimer.

HERCULE.

(A part.)

Elle est bien capable de réaliser ses menaces. —

Si elle m'abandonnait en emmenant Thestius, que me resterait-il au monde? Je suis vraiment amoureux d'elle.

(Haut.)

Laisse-moi à mon œuvre.

ASTYOCHÉE.

A ton œuvre? — Oui, insulte encore l'hydre, continue à lui faire des menaces dans le but de t'exciter.

HERCULE.

Et toi, continue à user de cette même méthode avec moi.

ASTYOCHÉE.

Crois-tu qu'elle m'est nécessaire? — Va, je connais ton héroïsme : c'est uniquement pour te persuader que tu as une raison d'être vraiment essentielle que tu es si intransigeant. Voilà pourquoi tu refuses à ta femme la seule chose qu'elle t'ait jamais demandée. Tu serais heureux de m'accorder que l'Hydre soit muselée, mais tu te réjouis du sacrifice même que ton héroïsme te coûte.

HERCULE. (A part.)

Que cette femme est subtile! Je la désire violemment.

LE PEUPLE.

Voici l'Hydre! Voici le monstre! Hercule! Hercule! sauras-tu triompher ?

HERCULE.

Sans doute une immortelle énergie, celle dont participe l'effort des astres et des océans, au premier de mes pères donna l'être et le jour. Hercule, les hommes de ta race furent les plus ferventes éclosions de la force. Ils s'en allèrent dans l'ardeur, et leur passion s'accrut à tous les spectacles de l'univers qu'ils parcoururent. Où que ce soit que chacun d'eux soit mort, aucun n'avait prévu l'endroit : mais la primitive énergie, magnifiée de tous les amours, de toutes les haines et de toutes les grandeurs vécues, il la laissait dans un fils à l'image de lui-même. Et voici que de ce fils, coulant son destin nécessaire, les passions héritées, de chaque rencontre où elles le portèrent, devinrent plus superbes encore.

Comme les sources issues d'une même montagne précipitent leur course volubile au confluent où chacune se soutiendra de toutes les autres, ainsi, tout ce qu'il y a d'universel, la vie, la mort et l'amour, s'épanche avec une abondance favorable dans la race d'Hercule.

Tant d'ardeurs accumulées, et l'instant le plus pathétique de cette race, c'est moi-même. Moi-même, ô peuple, et si l'heure présente n'est pas la plus rouge que j'aie vécue, oseras-tu douter qu'Hercule triomphe de l'Hydre?

LE PEUPLE.

L'Hydre est un grand malheur. Tu est le héros ! Libère-nous !

ASTYOCHÉE.

Tu vois, Hercule, ce brave peuple ne va pas comme toi, chercher midi à quatorze heures. Toi, il faut que tu rattaches ton héroïsme à une foule de considérations, comme ta race, et tout ce qui est naturellement éloigné.

(Une Famille éplorée survient, portant sur une civière le cadavre d'un vieillard.)

LA FAMILLE ÉPLORÉE.

Hélas ! Hélas ! Hélas ! Héros, écoute mon malheur, et venge-moi.

Comme je rentrais chez moi, en me réjouissant du bruit qui courait de ta venue, j'ai vu... hélas !

hélas! hélas! .. le plus affreux des spectacles a frappé ma vue...mes voisins consternés entouraient le cadavre de mon père, que l'Hydre venait d'assasiner devant eux.

Hélas! Hélas! Hercule, venge-moi.

HERCULE.

Malheureux! Malheureux! je te plains... Mais laisse-moi d'abord examiner la blessure, car, tu le sais, Esculape lui-même m'enseigna la médecine...

Que vois-je?... Ton malheur est incertain, car cet homme n'est pas mort. Certes, terrible est sa blessure, mais peut-être pourrai-je le guérir.

Astyochée, donne-moi le vin. Je cueille cette herbe, et l'écrasant dans le vin, je l'étends sur la blessure. Je frotte de vin les tempes et la paume des mains... Vois, déjà sa poitrine s'élève en un faible souffle... ses paupières battent... il gémit... ses yeux s'ouvrent, il voit la lumière, ô bonheur! il revient à lui!

(La famille éplorée se consulte dans un conciliabule à voix basse qui paraît plein de stupeur et d'inquiétude.)

LA FAMILLE ÉPLORÉE.

Hélas! Hélas! Qu'as-tu fait? Voici qu'un nouveau malheur s'ajoute au premier.

HERCULE.

Que dis-tu? Cela est honteux! Faut-il que j'entende une parole si misérable? Le regret que tu montres me plonge dans une vive indignation.

LA FAMILLE ÉPLORÉE.

Certes, je ne te reproche pas ce que tu as fait, mais fallait-il, malheureux, que ta folle originalité vienne troubler un événement qui était consommé? Mon malheur était déjà assez grand d'avoir perdu le vieillard cher que j'aimais à voir sur mon seuil, respirant dans la paix les doux parfums du soleil. Hélas! Hélas! Le cher homme était mort! Malheur affreux, l'Hydre maudite l'avait assassiné! Et maintenant, voici que tu viens troubler ma peine, et tu ajoutes un nouveau malheur au premier. Oui! il te sied bien à toi, étranger partout, de mettre tout sens-dessus-dessous, de faire le resusciteur, et de combattre des monstres! Mais nous autres, nous sommes de pauvres gens, nous n'allons pas de droite et de gauche en faisant notre volonté, nous travaillons toute la journée, nous faisons ce que nous pouvons, et c'est pourquoi je trouve honteux... que quand nous nous sommes résignés à quelque chose... tu viennes rendre inutile la peine que j'ai prise de me résigner... et tous les arrangements... j'avais commandé le bûcher, les pleureuses, le sacrifice... toute la cérémonie... hélas! hélas!

HERCULE.

C'est bon... c'est bon... rassure-toi : je vois que le vieux, malgré le secours que je lui ai donné, agonise déjà.

LA FAMILLE ÉPLORÉE.

Hélas! Hélas! Ce nouveau malheur est encore plus grand.

ASTYOCHÉE.

Tu vois, Hercule... tu ferais beaucoup mieux de m'aimer et de prendre la muselière.

HERCULE.

Allons, soit! donne-la moi. Les circonstances sont avec toi, sans doute. Cette aventure m'a dégoûté.

(Hercule pénètre dans l'antre. L'Hydre sort avec lui. Acclamations enthousiastes du peuple. Combat. Hercule tranche à l'Hydre plusieurs têtes qui repoussent aussitôt, et termine le combat en muselant l'Hydre. DANSE et acclamations du peuple. Les vierges, pleines d'admiration, entourent Hercule qui tient l'Hydre en laisse.)

Maintenant, Vierges, et toi, Astyochée, partons. O Vierges, de douces heures vont être le prix de ma victoire. Thestius, donne-moi la main.

ASTYOCHÉE.

Non, Thestius, viens avec moi.

(A Hercule.)

Crois-tu que je souffrirai que ces Vierges t'accompagnent ?

HERCULE. (Il l'emmène.)

Allons viens ! Ce n'est que la conséquence du stratagème que tu m'as imposé. Ne t'en prends qu'à toi.

ASTYOCHÉE.

Malheureuse femme que je suis !

UN VIEILLARD. (A un autre.)

Je voudrais bien être un héros, mais pas sa femme.

L'AUTRE VIEILLARD.

Peuh ! Tous les hommes sont comme ça.

UN JOURNALISTE.

Et puis, moi, je respecte toutes les idiosyncrasies.

FIN.

Château d'Embourg, Juin 98.

A George Tréfois.

Les Simulachres de la Vie

Me voici rembarqué sur la mer amoureuse.

Jean de La Fontaine.

I

HISTOIRE DU XERXES DANS UNE PRAIRIE

Charme des ondes qui fuient, et l'inhabile baiser !

Je ne sais si ma fiancée était vierge, mais elle était sage avec moi.

Souvent nous allions nous promener dans les prairies et j'exaltais l'abondance des fleurs. Je les reconnaissais toutes; *aussi, je les nommais mes fleurs*. Il y en avait de rouges, de jaunes et de bleues. Nous nous plaisions à les considérer, et, m'étonnant de ce verbe, je voulus faire les fleurs pareilles à des choses du monde sidéral.

Comme nous étions débarassés de toutes préoccupations autres que de regarder les fleurs, notre temps était mesuré par leur rencontre. Plus nous en avions rencontré, plus nos heures nous paraissaient nombreuses.

Ainsi nous connûmes que le temps présent, ce n'est point l'abstraite jointure du passé et du futur, ni non plus le temps étendu qui relie le passé et le futur, la mort et la naissance, — mais nous-mêmes.

Puis nous nous félicitâmes, non d'avoir nourri ces pensées, mais de ce que des pensées aussi simples, aussi générales, et seulement celles-là, nous donnassent des sentiments intenses et suaves. Car là était la marque de l'importance que nous savions attacher à nous-mêmes, et le signe que la terre vénérable aux antiques fondements était véritablement le ventre de notre vie, et tous les astres son ardent et symétrique domaine.

Un jours j'appris qu'un roi de la Persique nommé Xerxes, voyant d'un mont défiler devant lui son immense armée et mille milliers d'hommes forts qui la composaient, — se prit à songer que dans cent ans plus un seul d'entre eux ne vivrait.

Alors je compris que ce roi sur un mont avait dû pleurer violemment.

Et je songeai que mes fleurs et celles de ma bien-aimée mourraient bientôt dans le néant de nos heures et que le ventre de la terre les reprendrait avec nous.

Alors je compris que je *devais* pleurer très violemment, et des larmes abondantes se séchèrent sur mes joues. Puis je souris de l'étonnement de ma bien-aimée soudainement entrée, qui, m'ayant embrassé, s'écriait :

« — Dieu ! Que ta joue est salée ! »

Paris, janvier 97.

II.

L'ELOGIEUSE COMPARAISON

Comme le lac roulait à mes pieds ses eaux plus bleues que l'œil de l'enfant à qui j'appris l'amour, ma pensée, dans l'ardeur que lui prêtaient de longues méditations, s'éleva semblable aux feux errants qui naissent de la terre embrasée par l'été.

Les cavernes obscures que la Nuit avait pour retraites abandonnées connaissent, depuis que la communauté des gnômes y agite son industrie, le jour et ses jeux par l'artifice d'un flambeau. Parfois deux gnômes malins dévoilent l'un à l'autre le dessein d'éteindre la lumière; aussitôt ils courent, et, s'étendant à plat ventre devant elle, ils gonflent leurs joues et soufflent avec force.

Mais voici qu'ils s'arrêtent, étonnés, et qu'ils admirent, car la flamme, sous leurs souffles égaux et contraires, s'est élancée plus droite.

Ainsi ma chère vie, que j'ai voulue fleurie des plus nobles recherches, me semble pareille à la flamme des gnômes. Tout est aliment à son unité. Cependant que les essences séparables du monde, les destins divers et les passions égarées la portent aux carrefours, elle triomphe dans cette importance qu'elle s'attache avec tant de certitude, et qui la fait toujours se trouver elle-même.

Il me serait doux d'avoir à la route de ma vie rendu toute vertu et tout vice seconds. Encore que des vertus et des vices, j'aie pratiqué tous ceux qui sont de mon penchant, je trouve une volupté spéciale à me promener dans le jardin des figures géométriques. Tout y est régulier comme les jardins de Weimar. Rien n'y peut arrêter une ardente imagination. Certaines gens, lorsque la leur est émue, ne trouvent plus de repos que dans le dérèglement des mœurs. Je comprends donc cette princesse du Nord, se faisant montrer la mathématique par Descartes, au milieu des sphères armillaires, des sextants, des astrolabes, pour, au sortir de la leçon du grand lymphatique, jouer à des jeux singuliers avec des petits chiens et les pages.

Voilà comme, m'exerçant à distinguer les images qui naissent des chiffres, je compris que l'unité est symbole de l'infini. Non pas seulement parce que de l'unité seule, et sans qu'elle se soit accouplée à un principe différent du sien, nait l'infini des nombres, mais surtout pour d'autres raisons que je vais dire. Ainsi que le seul infini, la seule unité, multipliée par elle-même, donne un produit égal à elle-même; seule et l'infini, elle est sa racine et son cube. De l'infini dérivent tous les êtres, de l'unité tous les nombres; elle ne prend fin qu'en dehors d'elle-même; elle se suffit, tandis que tous les nombres sont des fractions d'elle-même, elle dénominateur, eux numérateurs.

Je me réjouissais dans ces vues, car considérer quoi que ce soit, ce n'est jamais que se trouver soi-même, pareillement qu'enseigner, c'est croître et se multiplier dans l'âme d'autrui, — lorsque Arsinoé soudainement entra.

C'était une nouvelle bien-aimée, que je connaissais depuis peu de temps et que j'avais eue vierge.

Elle me rapportait un roman emprunté à ma bibliothèque, *Psaphion ou la Courtisane de Smyrne*, par Meusnier de Querlon.

— Tu es seul ! demanda-t-elle.

Cette parole spontanée me rassura. Mais je n'osai pas lui parler de mon unité. J'étais heureux de ne pas savoir pourquoi elle m'aimait. Je ne lui demandai pas non plus comment elle avait trouvé le livre.

Elle m'embrassa.

Vexé de mon silence, je lui prodiguai lentement les caresses les plus tendres.

— Ah ! soupira-t-elle, c'est comme dans *le* livre !

Knocke S./M., octobre 97.

A Paul Léautaud.

L'Amoureuse absence

Il se dit d'aucuns, comme d'Alexandre le Grand, que leur sueur espandoit une odeur souefve, par quelque rare et extraordinaire complexion : de quoi Plutarque et autres recherchent la cause.

Montaigne.

L'AMOUREUSE ABSENCE

Vint d'ailleurs ou de Lorraine une petite princesse jolie. Était-elle vraiment princesse? — Du moins nous le crûmes.

Nous le crûmes d'autant qu'elle se logea dans une tour. Au bas un trottoir et une rigole pleine d'eau les jours de pluie. Mais contrairement à tous les symboles, la princesse ne pècha point à la ligne du haut de sa tour dans cette rigole.

C'était une personne positive. Elle ne béait point aux espoirs. Son nom charmant de sainte terne ou de bergère fabuleuse : Godonne; le sinueux suivi de son corps sous l'obéissant tissu de laine heurté seulement de l'imperceptible meurtrissure des seins; lui eussent cependant évité le ridicule qui apparaît à caresser quelque espérance.

Pour sa voix cristalline et sérieuse de femme sûre de son insouciance, on lui pardonnait d'être, au milieu de notre âpre désir, sans souhait ni désir.

Elle fut celle que nous aimâmes surtoutes, Tancrède, Dé, Ganelon, Comfort et moi. Tous cinq, nous l'accompagnions dans ses promenades à travers l'énorme cité que coupe le fleuve industriel et par là taciturne : la cité rêvée que nos âmes en décors bâtissaient de cathédrales et de bordels séparés par forets, bleus champs de pommes de terre et landes infiniment jaunes et sans bouts où des moulins silencieux tournent au bout, la joie des farines espérables.

L'amant de Godonne (car elle en avait un) ne s'érigeait pas en obstacle à ces promenades ; sûr à raison de la fidélité de sa maîtresse, sa seule précaution était de serrer notre main en nous rencontrant. On lui savait gré de réaliser l'aimable et double entité d'un travailleur fort comme un homme de plaisirs, et d'un mortel riche comme ces hommes estimables dont la générosité dote parfois leurs concitoyens d'hôpitaux modèles.

Nous le rencontrions, des soirs, sur les banquettes d'un cabaret dont les électricités hâtives dans des ors éteignaient aux terrasses la gravité des ciels d'une place publique.

Dans ce cabaret venaient aussi et l'Archéoptéryx, ou bête de tous les temps; et le Scorbédlyon, ou Bête-à-Machoires, ou mêmement du Gevaudan; et Godonne avec nous.

On causait. Tancrède trouvait des épithètes : c'était un potier, au corps très beau comme un beau vase étrusque; il était aussi littérateur.

Quant à Dé, c'était un jeune homme qui portait des souliers étroits, aimait Stendhal et même la victoire de Samothrace; ce qui lui permettait d'avoir des amis versés dans la science de biologie; il était aussi littérateur.

Ganelon, pauvre diable qui devait avoir le délire de la persécution; il devait être aussi littérateur, et s'habillait richement avec les laissés pour compte des grands tailleurs.

Comfort, enfin, comme son nom l'indique, était un Anglais mélomane.

Tous regardaient Godonne et pâlissaient si elle les frôlait en passant devant eux.

Ils ne se comptaient point seuls d'elle amoureux. Bien d'autres jeunes gens parurent et se succédèrent en foule, que personnellement j'ignorais, et dont le tremblant amour ne s'effritta sans doute qu'avec la mort des saisons qu'il saturait d'éparse virginité. Nous nous désolions sous le charme de cette femme Godonne, en qui nous retrouvions le connu d'une bribe de notre collectif façonnement, avec ce rien de muflerie que donne l'universel touche-à-tout aux gens de vie répandue, polie et inconsciemment avantageuse.

La reine de tant de chagrins empires ne semblait mettre ni vouloir aucune coquetterie à son œuvre amoureuse. De notre unanime amour en mains jointes vers Godonne la cause nous semblait donc incompréhensible : combien de femmes aussi jolies !

Cette cause nous fut dévoilée par le bon office de l'Archéoptéryx. Et de là naquit la merveilleuse et grise aventure, rare comme l'énorme multiplicité des perles dans l'Océan.

L'Archéoptéryx, bête point oiseau, douillette dans des plumes ; vénérable comme un songe de cheik ; ennemie du Scorbedlyon ; — et de laquelle l'amant de Godonne disait fort philosophiquement apparaître avec la tortue comme les deux seules bêtes non atteintes de la manie de la persécution.

La sage bête Archéophéryx n'était point de notre

vain amour, — dissipateur sans dissipation — joyeuse comme le Scorbédlyon, semblablement présent à nos soirées. Advint au retour d'une de ces soirées pendant laquelle le Scorbédlyon, animal d'une couleur vert monstre que je n'ai jamais vue qu'à une bête de mon enfance, avait à son ordinaire ricané en dedans; advint qu'au retour, l'Archéoptéryx prit à part Tancrede et lui dit :

Pour que cette femme Godonne, fragment de vous, ne règne plus en vous, adversement aux autres parties de vous; sache, Tancrède, la cause de votre commun amour; elle n'est point aux cheveux, yeux, seins, et autres beautés de cette femme Godonne; mais simplement à celle-ci, savoir une amoureuse absence que j'ai remarquée en elle par le don de ma sagesse, que tu sais, Tancrède, aussi longue et bornée que le contour du cercle aux incessants aspects.

Cette amoureuse absence est d'odeur, savoir que Godonne n'épand aucune senteur ni odeur naturelle, suave ou fétide. Ainsi elle se garde inviolée. Et certains comme vous sont amoureux de toute femme belle qu'ils n'ont pas violée.

Les senteurs et odeurs naturelles, suaves ou

fétides, des hommes, des animaux, des femmes, des plantes, fontaines et corps en apparence bruts, naissent de leurs âmes volatilisées et flottantes autour d'eux comme un prestige, une draperie ou un nimbe. On reconnaît l'âme au parfum avant quasi de la pressentir. L'odeur du corps est comme une physionomie, révélatrice seulement à la subtilité de notre vie inconsciente, ou à celle des plus enfants et des animaux : d'où d'inexplicables antipathies et sympathies fréquentes notamment aux chiens et aux enfants. L'odeur est le plus intime de vos aspects physiques, et à la fois le moins en votre particulière propriété, puisqu'elle est la seule modalité d'un corps en laquelle il puisse être violé à distance. Le plus notoire de la singularité des femmes réside plutôt dans l'essence spéciale de leur odeur naturelle que dans l'ordinaire objet de volupté.

Ainsi s'explique, poursuivit l'Archéoptéryx, en hochant approbativement la tête à ses propres paroles, ainsi s'explique la puissance de cette femme Godonne, et de tant d'autres illustres, cléopâtres en symbole, qui figèrent plusieurs destinées sous le sceau de leur amoureuse volonté.

Je vais te donner la recette de la liqueur que tu verseras sur Godonne et par laquelle il lui naîtra un naturel parfum, sans dommage pour elle, car ce parfum sera suave comme la chanson, sous le soleil, des brumes du matin.

Va donc, aux heures de lune claire, dans la forêt et la clairière où sourd la fontaine claire qui par un seul trou dans la terre sort et rentre sans cesse comme un petit bouillon.

Prends y de l'eau dans une outre en peau de cheval, et que cela fasse gros comme un péché mortel, c'est-à-dire plus de trente canettes. Fais bouillir l'eau dans un vase qui n'aura contenu aucune abomination de bête cuite, ni rien que ce soit. Que le feu soit de sarments de vigne, végétal saint qui purifie, s'attache aux choses et donne aux hommes la joie.

Prends aussi un cœur de mouton, un cœur de veau et un cœur de pauvre homme; ou à défaut de cœur de pauvre homme, prend du chanvre et de l'or. Ajoutes y les trois légumes immondes; et des fleurs légères; et l'horrible turgescence des poumons lisses aux étals des tripiers. Ajoute encore le sourire de trois enfants; ou à défaut du sourire de trois enfants, l'œil du diable ; ou à défaut de l'œil du diable, un bouton de manchettes de Brésilien.

Mets le tout dans l'eau bouillante, et remue avec le fuseau d'une morte des flandres dentellières ; car il ne faut rien négliger. Laisse bouillir le temps de dire trois fois toutes les choses qui n'existent pas au pluriel, savoir ce temps celui de cuire un œuf à la coque. Ne conserve de l'élixir obtenu que la quantité d'un demi verre parmi les plus petits dont se servent communément pour boire leur bière ceux de la terre métaphysique. Tiens toi pendant trente jours et trente nuits aussi chaste d'esprit et de fait qu'un homme dans l'instant des larmes d'avoir perdu sa mère ; mais la nuit suivante soit ardent auprès des femmes.

Alors, tout étant prêt, approche-toi de la princesse Godonne pendant son sommeil de nuit, sans craindre qu'elle se réveille ; prononce ces paroles, que tous les assistants, s'il en est, répéteront après toi :

NE EXTRA OLEAS

Puis, des épaules aux pieds, lève les couvertures toutes droites ; des épaules aux pieds, et notamment aux parties les plus secrètes du corps, répands l'élixir. Replace ensuite les couvertures pour que Godonne n'ait point froid, et va t'en après avoir prononcé ces paroles, que tous les assistants, s'il en est, répéteront après toi :

La terre est ma panse, ma tête est sa panse, sa panse est ma mère.

Or Tancrède fit ces œuvres conseillées par la sage bête Archéoptéryx; Dé, Ganelon, Comfort et moi, nous l'accompagnâmes la nuit de l'élixir répandu, munis des clefs nécessaires à l'entrée chez Godonne. Les premières paroles prononcées, Tancrède le bon potier, étendant à moitié le bras, leva, majestueux, de bas en haut les couvertures. Et sous l'œil mélancolique et narquois de la chandelle clignotante, nous vîmes de Godonne le corps splendide, qui faisait une clarté; aussi le ruissellement de ses longs cheveux dénoués, blonds, blonds comme l'œil mélancolique et charmé de la chandelle.

L'élixir étant répandu sur le corps, et notamment aux endroits les plus secrets, nous sentîmes passer comme un grand vide.

La terre est ma panse, ma tête est sa panse, sa panse est ma mère,

dit Tancrède au milieu du silence, après avoir replacé les couvertures :

La terre est ma panse, ma tête est sa panse, sa panse est ma mère,

répétâmes nous.

Le retour fut lent, sous la lune froide ainsi qu'aux jours où les âmes des morts dansent dans ses rayons bleus. Intérieurement, nous étions un peu surpris d'être aussi facilement devenus non amoureux de Godonne, et de n'en être pas plus joyeux. Ce singulier petit étonnement nous possédait, qu'expriment les novices disant :

— « Quoi ! Ce n'était pas plus difficile que cela ! »

De ne plus être malheureux, nous demeurions légèrement stupides, comme chaque fois que l'on perd subitement le sujet d'une coutumière préoccupation. — Nous nous complûmes cependant à l'idée du probable dépit de Godonne ignorante. Aucun de nous ne fit part aux autres de ce sentiment, agréable suite d'un mélange de fatuité et de sournoiserie dont l'habituel développement est notoire chez les nègres, les enfants et les gens du peuple, et qui pendant notre petite stupeur, particulièrement accessible en raison même de sa simplicité, fut l'initial aspect des bénéfices de la récente aventure. Tranquilles de cette première joie, nous ne tardâmes pas à distinguer toutes les formes de notre nouvelle et précieuse situation.

(L'aubergiste pansu remarquait complaisamment la rotondité des fruits les plus délectables, — tomates, oranges et melons, — mais il s'étonnait de la précellence du conique ananas.)

L'émiettement des forces diverses de nous mêmes au contact de celle pareillement intérieure, mais adverse et souveraine qu'incidemment érigeait en nous notre désir de Godonne, faisait place au souvenir fécond de quelques passionnés émois. A peine le regret des anciens espoirs troublait la renaissante harmonie : le rêve seul avait été si charmant de posséder Godonne et de s'humilier en une douce détente, le front sur son giron de fée.

Serait-ce, disait un, pour ceci que nous n'adorons

que nous mêmes en autrui, que les peuples sauvages consacrent un culte aux animaux les plus féroces? — Or, les chemins que nous marchâmes au retour chantaient une allégresse. De même qu'à la cause de nos confidences participe le vœu égoïste et inconscient de prolonger notre émotion; de même que nos adorations sont un recul de notre âme afin de mieux considérer cette partie d'elle que nous fixâmes au dehors pour l'éterniser; de même nos routes furent à l'image de nos âmes délivrées et confiantes.

Du fil long et furtif des étoiles filantes dans les velours de la nuit, nous tissions l'heureux récit de la sérénité du moment. Dans la FORÊT BOUFFONNE, la vie latente des feuillis se montrait accueillante. La résine que distille le travail placide et secret des pins nous semblait mystérieuse comme aux jours ivres de notre enfance. Bientôt parut le jour, frêle et froide comme la lampe solitaire du travailleur avant l'aube, et, dans les clairières, l'eau noire des puits profonds où nous nous penchions étonnés rapprochait infiniment la hauteur des ciels en images.

Enfin nous gravîmes la colline d'où se révèlent

les cieux pointus de la ville au cent cris, et nous nous séparâmes.

Or, le lendemain soir, cependant que tardifs à la terrasse de l'habituel cabaret nous considérions la menue Passion des femmes du trottoir, et que nous devisions de la plaisante aventure d'une possible amourette future de Godonne pour l'un de nous, — nous vîmes arriver, distrait et bras ballants, l'amant de la petite princesse. Celle-ci venait précisément de nous quitter.

— Bonjour, chers, dit l'amant en nous tendant la main... Ah! à propos, avez-vous vu Godonne?... je ne suis plus amoureux d'elle, et je lui ai fait mes adieu hier matin en feignant de partir pour un voyage que j'avais simulé.

— Ah!... vous êtes bien imprudent, car elle vient précisément de nous quitter... Mais voilà une rupture au moins subite et inattendue!

— Non... Non... Depuis quelque temps déjà je n'étais plus amoureux d'elle .. car s'il faut vous le dire, et quoique ce soit assez indiscret, je vous avouerai qu'en Godonne est une amoureuse absence, savoir qu'elle n'a point de senteur ni d'odeur naturelle, suave ou fétide. De la sorte elle se garde inviolée, car de quelque manière qu'on la possède, on ne peut la posséder absolument, l'odeur étant une âme subtile comme l'autre, à la fois le plus intime de nos aspects physiques, et le moins en notre particulière possession, puisque l'odeur est la seule modalité d'un corps en laquelle il puisse être violé à distance. Godonne, même en se donnant toute, ne peut donc être possédée absolument puisqu'elle ne donne d'elle que ce qu'elle accorde, savoir le moins subtil et particulier, au contraire des femme qu'on peut violer par leur odeur.

Or, poursuivit l'amant en hochant approbativement la tête à ses propres paroles, je suis de ceux qui ne peuvent être amoureux d'une femme que leur appartenant qualitativement entière.

... Que pensez vous de ceci, ajouta-t-il, un peu gêné en nous voyant rester muets.

Les quatre pâlirent un peu sans oser se regarder, puis se regardèrent, et restèrent silencieux.

Paris, 1896.

TABLE DES MATIÈRES :

Georges BALAT, éditeur à Bruxelles

EXTRAIT DU CATALOGUE

PAUL ANDRÉ

L'Habit d'Arlequin, contenant sept contes de l'école militaire et dix croquis d'enfants 3 00

GEORGES RENCY

Madeleine, roman précédé d'une épître à Paul Adam 3 5o

MAURICE DES OMBIAUX

Mes Tonnelles, contes de la Thudinie 3 5o

ÉMILE BOISACQ

Les Mimiambes, d'Hérondas, traduction française précédée d'une introduction... ... ... 1 5o

LES LETTRES FRANÇAISES

Hommage à Émile Zola, volume de 480 pages, contenant des hommages de 80 contemporains, les impressions d'audiences du procès Zola par Séverine, les listes de protestation et la plaidoirie de Me Labori 3 5o

—

JEAN VINCENT

Nos Oiseaux, 25o pages illustrées 2 5o

SOUS PRESSE :

CAMILLE LEMONNIER

Les Noëls flamands, un volume 24 × 16, illustré par Mellery, Verdeyn, Hubert, etc., etc. 5 00

PAUL GERARDY

En Wallonie... ... ... 3 5o

CHARLES MORICE

L'Esprit belge 2 00

BRAHMACHARIN BODHABHIKSHU

(S.-C. CHATTERJI)

Conférences sur la philosophie Esotérique de l'Inde 2 00

PAUL ANDRÉ

Haine d'aimer, conte dramatique, mis à la scène... 1 00